VIEUX CAMARADES

COMÉDIE A-PROPOS

EN UN ACTE, EN VERS

Représentée pour la première fois, à Paris, à la COMÉDIE-FRANÇAISE,
le 15 janvier 1895,
à l'occasion du 273e anniversaire de la naissance de Molière.

Il a été tiré à part 10 exemplaires sur papier de Hollande, numérotés à la presse de 1 à 10.

ALBERT LAMBERT

VIEUX CAMARADES

COMÉDIE A-PROPOS

EN UN ACTE, EN VERS

PARIS

TRESSE & STOCK, ÉDITEURS

8, 9, 10, GALERIE DU THÉATRE-FRANÇAIS

PALAIS-ROYAL

1895

A

M. Jules CLARETIE

Son bien reconnaissant

ALBERT LAMBERT

PERSONNAGES

MÉRINDOR, sociétaire retraité de la Comédie-Française	MM. LELOIR.
ROSELIN, sociétaire retraité de la Comédie-Française.	LAUGIER.
ESTELLE.	Mlles MULLER.
MANETTE, servante de Mérindor. . .	Mlle LYNNÈS.
LOUISON, voisine	Mme JAMAUX.

La scène se passe vers 1828.

VIEUX CAMARADES

Décor. — Une grande salle, salon-bureau. Dans une maison de campagne. Habitation d'un vieil artiste de théâtre.

Cheminée avec feu, fauteuils, bergère, glace sur la cheminée, candélabres autour de la glace, miniatures encadrées.

Au fond, buffet-dressoir avec vieilles faïences; de chaque côté couronnes, palmes entourant des panoplies de théâtre, un beau portrait de Mérindor 1810 en costume de théâtre: Almaviva ou Don Juan.

A gauche, un bureau-cylindre chargé de livres; au-dessus sur une console, le buste de Molière. Portrait de femme et diverses miniatures autour du buste de Molière.

Portes à droite et à gauche.

Au fond, grande fenêtre par laquelle on doit voir un jardin d'hiver.

Vieille horloge dans sa gaîne.

Sur un mur bien en vue un portrait de Talma.

Au milieu un peu à droite, acteurs, la table servie. Lampe sur la table.

Le soir... Les lumières sont allumées.

SCÈNE PREMIÈRE

MANETTE, LOUISON.

Au lever du rideau, Manette achève de mettre le couvert.

MANETTE.

Louison, aide-moi, le maître va rentrer;
Il avait bien besoin vraiment de rencontrer
En revenant tantôt cet ami sur la route,
C'est un vieux compagnon de son bon temps, sans doute,
Monsieur sautait de joie à perdre la raison;
Depuis lors il lui fait visiter sa maison,
Il bouleverse tout... J'en suis... je ne sais comme!
Il va, monte, descend, gambade... Un vrai jeune homme!
Sans mes cris, il voulait que le village entier
Vînt... Il était trop tard, par bonheur... Quel métier!

A Louison.

Que regardes-tu donc la figure ébaubie?

LOUISON.

Ce portrait.

MANETTE.

C'est monsieur jouant la comédie.
Ah! dame, il est changé!

LOUISON.

Bien sûr!

MANETTE.

Et pas en bien,
Mais c'était dans le temps un beau comédien!

LOUISON.

C'est un brave monsieur, on l'aimait au village,
Mais depuis qu'il a fait manquer le mariage
De la petite Estelle avec Jean le fermier,
On jase un peu sur lui...

MANON.

C'était à parier!

LOUISON, qui regarde à travers la porte vitrée.

Les voici!
Cet ami, grave et blanc comme un prêtre,
Qu'est-ce? Un juge?

MANETTE.

Un notaire?

LOUISON.

Un médecin?

MANETTE.

Peut-être!

SCÈNE II

MÉRINDOR, ROSELIN, MANETTE.

MÉRINDOR prend la canne et le chapeau de Roselin, les donne à Manette, puis revenant vers Roselin.

Que je t'embrasse encor, mon vieil ami. Vingt ans
Sans te revoir.

ROSELIN.

Seize! Ah! n'active pas le temps,
Il va bien assez vite...

MÉRINDOR, pompeusement.

Oui, seize ans que Pylade
D'Oreste disparu ne reçut l'accolade.
Mais tu n'es pas changé?

ROSELIN.

Tu veux rire!

MÉRINDOR.

Non, non.
T'ai-je pas tout de suite appelé par ton nom
Lorsque je t'aperçus?

ROSELIN.

Tu ne peux pas prétendre...

MÉRINDOR.

Dans ce bourg où, ma foi, j'étais loin de t'attendre,

Et sans vouloir entendre aucune autre raison.
Je t'emmène chez moi, je t'y mets en prison,
Tu peux te gendarmer, faire esclandre, algarade,
Tu resteras huit jours chez ton vieux camarade.
Quelle joie! Allons, parle et respire à loisir.

Il le serre dans ses bras.

Comment te trouves-tu?

ROSELIN, se débattant.

J'étouffe!

MÉRINDOR, le lâchant.

Ah!

ROSELIN, riant et lui serrant la main.

De plaisir!

MÉRINDOR.

Bon, causons! Qui t'amène au pays que j'habite?

Il le fait asseoir devant la cheminée.

ROSELIN.

Affaire de famille!

MÉRINDOR.

Oui, moi, vieux cénobite,
J'ignore qu'il existe et notaire et tuteur.
Ta femme?

ROSELIN.

Je suis veuf!

MÉRINDOR.

J'ignorais ce malheur.

ROSELIN.

Pauvre amie! Elle était aimante, belle et bonne

MÉRINDOR.

J'ai rouvert une plaie encor vive... pardonne!

ROSELIN.

D'autres chagrins, hélas! sont venus m'attrister,
Mais ce n'est pas le temps de te les raconter,
Presque tous nos amis ont fait le grand voyage
Et nous sommes les seuls qui restions de notre âge!

MÉRINDOR.

Nous parlerons d'eux tous.

MANETTE.

Quand faudra-t-il servir
Monsieur?

MÉRINDOR.

Plus tard, attends!

MANETTE.

Ah!

MÉRINDOR.

Je me sens ravir!

Appelant :

Manette! Mon plus vieux compagnon de théâtre
Après seize ans d'absence assis devant mon âtre,

Présentant :

Manette, ma servante, un grognon destructeur.

MANETTE.

Merci!... Monsieur était?

MÉRINDOR.

Salue! Un grand acteur!
Sganarelle, Scapin, Mascarille, Pancrace,
L'art comique!

MANETTE, ébahie.

Ah ! Monsieur était un... un... cocasse !
Il a l'air si brave homme aujourd'hui.

ROSELIN, riant.

Bon, merci !

MÉRINDOR.

Sotte !

MANETTE.

Comment pouvoir se contrefaire ainsi ?

MÉRINDOR, brusquement.

Laisse-nous !

MANETTE.

Bien, monsieur. Quand se met-on à table ?

MÉRINDOR.

Bientôt, j'attends... peut-être...

Elle sort en claquant la porte.

Elle est insupportable !

SCENE III

ROSELIN, MÉRINDOR.

MÉRINDOR, après un temps.

Tu n'es plus au théâtre.

ROSELIN.

Hélas, non, retraité.

MÉRINDOR.

Le succès jusqu'au bout t'a toujours bien traité?

ROSELIN.

Oui, mais l'âge qui vient fatiguer la cervelle,
Les deuils, l'éclosion d'une école nouvelle,
La gaîté qui s'en va, puis l'inspiration,
Le cœur qui ne peut plus souffrir l'émotion,
L'effort pour réagir contre la lassitude,
Les bravos sans saveur dont on a l'habitude,
Les jeunes pleins d'ardeur... Tout vient nous avertir
Que notre temps est fait et qu'il nous faut partir!

MÉRINDOR.

Ton spectacle d'adieux?

ROSELIN.

Ah! mon cher! Indicible!

MÉRINDOR.

Ce moment troublerait l'esprit le moins sensible!
Certes, étant plus jeune et quelque peu moqueur,
J'étais fort ignorant des faiblesses du cœur;
Eh bien, quand j'ai vu là cette foule animée
De qui je tenais tout : bien-être et renommée,
M'acclamer comme on fait d'un héros triomphant,
J'ai pleuré, Roselin, pleuré comme un enfant.
Que dût-ce être pour toi qui, trente ans, sans contrôles,
Pus compter tes succès par chacun de tes rôles,
Trois générations de public étaient là,
Ce dut être touchant, raconte-moi cela.

ROSELIN.

Raconter? Le pourrai-je? Ah! Dieu! Quelle soirée!
J'en eus l'âme à la fois ravie et déchirée!
La salle comble, où, tous, témoins de mes travaux,
Me venaient saluer de leurs derniers bravos.
En scène, m'honorant d'une amitié publique,
Tous les premiers emplois me donnent la réplique,
Dans ce rôle exigé par tous les assistants
Et qui m'avait servi de début à vingt ans;
Pour que l'illusion de sa vive lumière
Depuis ses premiers pas éclairât ma carrière,
Que j'en pusse revoir les succès effacés
Et ressentir l'orgueil des triomphes passés.
Non! Comment résister à ce deuil... plein de charmes!
Il fallait rire, hélas! Et je fondais en larmes!
Les palmes, les bravos redoublent... Quel accueil!
Et je pense : Ces fleurs sont celles du cercueil,
Ce triomphe n'est plus qu'un hommage posthume!
En me déshabillant, j'embrasse mon costume
Et les murs de ma loge où, poudres et parfums,
Ont voilé les portraits des vieux maîtres défunts.
Ici, le moindre objet à pleurer me convie,
C'est là que s'est passé le meilleur de ma vie!
Puis on entre, on m'entoure et tous disent entre eux :
Quels adieux! Quel beau jour! Et qu'il doit être heureux!
Je sors... Tout resplendit, le théâtre est en fête...
Des fleurs à tous les pas, dans mes bras, sur ma tête!
La foule qui m'attend, pressée... à mon aspect,
Tout en m'applaudissant s'écarte avec respect,
M'escorte, me conduit jusques à ma voiture
Où m'envahit bientôt un froid de sépulture;

Me voilà libre enfin et richement muni,
Mais la Jeunesse, l'Art, le Bonheur... C'est fini!

MÉRINDOR.

Mais non, rien n'est fini, tu remplis ta carrière,
Il ne faut pas laisser de regrets en arrière,
Tu donnas comme moi tes beaux jours à ton art,
Tes souvenirs luiront sur ton front de vieillard.
Que dirai-je donc, moi, qui laissai la mêlée
En pleine force, en plein succès, l'âme affolée
Par tous les hurlements de ces chiens, de ces loups :
Les critiques, les sots, les lâches, les jaloux!...

ROSELIN.

Ta retraite pour nous fut une grande perte,

MÉRINDOR, intéressé.

Ah!... Qu'a-t-on dit de moi?

ROSELIN, gravement.

Le mot juste : Il déserte!

MÉRINDOR.

Tu ne lisais donc pas ces odieux pamphlets
Où l'on me plaçait même au-dessous des sifflets?
Ce pied plat de...

ROSELIN.

Je sais! Eh bien, d'un ton lyrique
Il fit de ton talent un tel panégyrique
Que ton départ sembla le comble du malheur!

MÉRINDOR, surpris et flatté.

Ah!... Pardieu, ce coquin n'était pas sans valeur.
Sa critique souvent me fut très profitable...

SCÈNE IV

Les Mêmes, MANETTE, rentrant.

MANETTE.

Monsieur !

MÉRINDOR.

Quand je te dis qu'elle est insupportable !

Il va vers la table, Roselin l'entraîne par le bras d'un autre côté.

ROSELIN.

Une autre cause encor motiva ton départ
Et que tu ne dis pas... où l'Amour avait part.

Ils marchent, Manette les suit.

MANETTE.

Monsieur !

MÉRINDOR, riant à Roselin.

Tu savais donc ?

ROSELIN.

La Flora !

MÉRINDOR.

Quelle femme !
La volupté, l'ivresse...

MANETTE.

Eh, monsieur !...

MÉRINDOR.

Une flamme !

MANETTE, rageant.

Il nous manquait cela ! Si l'on parle d'amour...

MÉRINDOR, continuant.

Un charme...

MANETTE.

On va dîner bien sûr un autre jour.

MÉRINDOR, s'animant.

Ses baisers me damnaient... sa caresse féline...

MANETTE.

Monsieur...

MÉRINDOR.

Va-t'en au diable!... ou reste à ta cuisine ;
Nous parlons du bon temps, du temps... du temps enfin
Où l'on vivait de gloire, où l'on n'avait pas faim !

ROSELIN.

Elle t'a bien trompé ?

MÉRINDOR, riant.

De façon inhumaine!...
Ah! c'était bien la plus terrible Célimène !
Dieu! comme j'ai subi son joug acoquinant...
Et comme je jouerais Alceste, maintenant.

ROSELIN.

Tu le jouais déjà de façon singulière.
Te souviens-tu pourtant, tu n'aimais pas Molière.
Pourquoi ?

MÉRINDOR.

Je le trouvais outré, sentencieux,
D'un style où j'eusse aimé des tours plus gracieux.

ROSELIN.

Mais l'âge a dû te faire admirer ce génie?

MÉRINDOR.

Certes, je comprends mieux sa profonde ironie,
Ce coup de fouet qui fait rire... et parfois saigner.

MANETTE.

Molière, maintenant! Au diable, mon dîner!
Vous parlerez à table...

MÉRINDOR.

Allons, on va s'y mettre!
Eh bien, il a des traits que je ne puis admettre.

Ils vont prendre place, Mérindor saisit le bras de Roselin et l'entraîne d'un autre côté.

ROSELIN.

Lesquels?

MÉRINDOR.

Bien qu'aux genoux du Maître vénéré
Je trouve, par exemple, Arnolphe exagéré.

ROSELIN.

Arnolphe exagéré!... C'est la vérité même!

MÉRINDOR.

Lourd, dur, triste, jaloux, comment veut-il qu'on l'aime?
L'auteur l'expose exprès sous le plus vilain jour...

ROSELIN.

Pour faire triompher la Jeunesse et l'Amour!

MÉRINDOR, avec vivacité.

C'est injuste! Et l'Agnès est ingrate et coupable;
Cette enfant-là plus tard de tout sera capable.
Arnolphe l'a nourrie et l'aime tout de bon.

ROSELIN.

La fillette aime mieux son blondin qu'un barbon.

MÉRINDOR.

Un barbon! Il n'est pas déjà d'un si grand âge;
A quarante ans, on peut prétendre au mariage.

ROSELIN.

Au mariage, soit! mais à l'amour?...

MÉRINDOR, se passionnant.

Aussi.
Certe et plus d'un hymen semblable a réussi.
Et même, il vaut bien mieux que jeunesse s'allie
A la raison qui peut tempérer sa folie.
Nous voyons de nos jours — on l'a vu de tous temps —
Des maris de cinquante et même soixante ans;
Quand on s'est conservé fort de corps et sain d'âme,
On peut faire très bien le bonheur d'une femme!

ROSELIN, l'observant.

Tu fais étrangement dériver le débat,
Voudrais-tu renoncer, mon cher, au célibat?
Les attraits ingénus de quelque Agnès nouvelle
Auraient-ils par hasard tourmenté ta cervelle?

MANETTE.

Allons, faut-il servir cette fois?

MÉRINDOR.

Sers.

MANETTE.

Merci!

A Mérindor.

Mademoiselle Estelle est là?

MÉRINDOR, empressé.

Qu'elle entre ici!

A Roselin.

C'est une enfant charmante... une grâce divine!

MANETTE.

Elle n'ose...

MÉRINDOR, avec chaleur.

Je vais la chercher.

ROSELIN, le tirant par la manche.

Je devine!

MÉRINDOR.

Eh bien, oui! Tu vas voir si j'ai fait un bon choix.

ROSELIN, à part.

Hum! Arnolphe déjà s'ébauche, je le crois!

MANETTE.

C'est monsieur qui paya les soins de son enfance.

MÉRINDOR, brusque.

Ah! tais-toi!

MANETTE.

Je ne puis plus parler.

MÉRINDOR.

Non, défense!

A Roselin.

Je te l'amène!...

Il sort.

SCÈNE V

MANETTE, ROSELIN.

MANETTE.

Il faut me taire et j'obéis,
Mais mon maître est déjà la fable du pays.

ROSELIN.

Comment?

MANETTE.

Oui, j'en suis sûre et cela m'inquiète,
Aller s'amouracher, monsieur, d'une fillette
A son âge!

ROSELIN.

S'il l'aime et s'il en est aimé?

MANETTE.

Allons donc! pas du tout! C'est un complot formé
Par le père... un malin qui guette l'héritage;

Car la petite était promise en mariage
Au garçon du fermier Jean... Tous deux s'aimaient bien!
Il faudrait les sauver... inventez un moyen,
Vous semblez un bon cœur, il vous croira peut-être.
Sauvez ces deux enfants et délivrez mon maître
De ce vieil usurier qui guette son argent.

ROSELIN.

Diable! C'est grave!

MANETTE.

Oh! Vite, agissez, c'est urgent!

ROSELIN.

Mais si l'amour le tient?...

MANETTE.

Morgué, la belle envie!
Ah! il eut bien assez de tout ça dans sa vie!
Regardez ces portraits, vous en jugerez mieux :
Des beautés qui n'ont pas l'air d'avoir froid aux yeux!
C'est le musée entier de ses bonnes fortunes,
Le choix ne manque pas. Des blondes et des brunes!
Il peut prendre un repos... il l'a bien mérité.
Il serait aujourd'hui, pour sûr, moins bien traité!
Vous êtes son ami, faites-lui la morale,
Dites-lui bien que c'est une loi générale,
A jeune fille il faut jeune époux ou l'hymen
Devient... vous comprenez... Ainsi soit-il. Amen!

SCÈNE VI

Les Mêmes, MÉRINDOR, amenant ESTELLE qui porte un beau bouquet.

MÉRINDOR.

Venez.

ESTELLE, confuse.

Je n'ose...

MÉRINDOR.

Entrez! Entrez donc qu'on vous voie.
Entrez, fleur de jeunesse, entrez, rayon de joie!
Soyez pour un instant, parfum de ma maison,
Dans notre grave automne un printemps en prison.

ESTELLE.

Oh! c'est trop beau pour moi.

MÉRINDOR.

Quelle candeur parfaite!

MANETTE, qui prend le bouquet d'Estelle, à Mérindor.

Pourquoi ce beau bouquet... Ce n'est pas votre fête?

ESTELLE.

Mon père vous l'envoie, il ne peut pas venir,
Il est malade... et puis ses comptes à tenir...
C'est le quinze janvier... un grand jour d'échéance.

ROSELIN, sursautant.

Quinze janvier ! Pardieu, mon cher, c'est de la chance !
Et l'on a fort bien fait de t'apporter ces fleurs.

ESTELLE.

J'ai choisi, vous voyez, les plus belles couleurs,
Tout ce que nous avions de mieux en notre serre.

ROSELIN.

Quinze janvier !

MÉRINDOR, qui ne comprend pas.

Eh bien ?

ROSELIN.

Mais c'est l'anniversaire,
Tu sais ?

MÉRINDOR, éclairé.

C'est vrai ! Quel coup tu viens de me donner,
De Molière !... Oui, jadis nous allions couronner....
Je revois tout... Attends

L'horloge grince et sonne la demie.

Et tiens ! C'est l'heure juste !
On s'approchait en rang, noblement, près du buste
On chantait... Attends donc... *Dignus est intrare* !
Tous vêtus de la robe et d'un pas mesuré,
Marchaient sur ce vieil air qui chante à mon oreille, —
Ce vieil air solennel et comique à merveille, —
Et, sur le piédestal du poète immortel,
Déposaient des lauriers comme sur un autel.
Dire qu'en ma jeunesse, assez mal cultivée,
J'appelais cette fête, hélas, une corvée !

Et m'y rendais le plus souvent d'un air boudeur,
Je n'en comprenais pas la pieuse grandeur!...

Très ému.

Ah! rien qu'au souvenir de ce jour, de cette heure,
J'en demande pardon à mon maître et je pleure!

ESTELLE, s'approchant.

Vous parlez de théâtre?

MÉRINDOR.

Oui...

ESTELLE.

C'est beau?

MÉRINDOR.

C'est divin!
Ah! si vous aviez pu voir jouer... Roselin...
Et moi!... dans Don Juan!

ESTELLE.

La fête de Molière
Dont vous parlez... Alors, c'est comme une prière?
Mon père avait son livre... avec de beaux dessins.
C'est drôle!... on y voyait partout des médecins.

MÉRINDOR, à Roselin, bas.

Dis-moi, ces candeurs-là nous sont bien inconnues
Là-bas, hein?

ROSELIN.

J'ai toujours eu peur des ingénues.

MÉRINDOR.

Voyons... Elle est charmante et sa vertu, ma foi,
J'en réponds, prends-y garde!

ROSELIN.

Eh! prends-y garde, toi?

ESTELLE.

Expliquez-moi pourquoi cette cérémonie?

MÉRINDOR.

Molière, mon enfant, était un grand génie,
Un grand courage aussi!... Très malade, expirant,
Il tira de son mal un rire... déchirant
Qui jaillit de son cœur en ironie immense...
Dans ce dernier sarcasme à l'humaine démence,
Un malade se fait recevoir médecin
Par des docteurs stylés et choisis à dessein.
Or, la mort qui chemine exacte et régulière,
Au troisième spectacle alla frapper Molière,
Il ne put achever... Brusquement emporté,
Sa scène se finit... dans l'Immortalité
Où ses pairs l'attendaient au Temple de mémoire;
Pour lui faire une place en l'éternelle gloire,
Ils montrèrent aux Dieux le poète admiré
Disant : Ouvrez vos rangs!... *Dignus est intrare!*
C'est pourquoi tous les ans cette cérémonie...

ESTELLE.

Oui... C'est pour rappeler la mort de ce Génie.

MÉRINDOR, à Roselin.

Juge donc! cette enfant m'adore...

ROSELIN.

Oh! c'est jugé!
Et dans un mauvais pas ton cœur est engagé.

MÉRINDOR, le bourrant en riant.

Allons donc! L'aventure est au moins singulière :
Notre rencontre et puis nos débats sur Molière
Et c'est sa fête! Ah! pour ce souvenir pieux,
Je m'en vais réveiller mes flacons les plus vieux
Dont les ans ont triplé la magique puissance.

Il prend un bougeoir et sort en chantant.

Qu'ils sont doux,
Bouteille jolie!...
Etc.

SCÈNE VII

ESTELLE, MANETTE, ROSELIN.

MANETTE, vite et bas à Estelle.

Il sort... Profitez vite alors de son absence.
Monsieur peut vous servir... parlez!

ESTELLE.

Comment oser?

MANETTE.

Alors... c'est entendu, vous voulez l'épouser?

ESTELLE.

Non, tu sais bien mais...

MANETTE.

Quoi?

ESTELLE.

Je lui dois tant... je pense
Que...

MANETTE.

Ne l'épousez pas... voilà sa récompense!
Ecoutez, mon enfant, et répondez sans peur,
Car peut-être, il s'agit de tout votre bonheur!
Consentez-vous du cœur à devenir la femme?. .

ESTELLE.

Ah! Monsieur, si j'osais... si du fond de mon âme
Je pouvais sans pécher dire les sentiments,
Vous verriez quels regrets, quels chagrins, quels tourments
Font hésiter mon cœur à l'hymen qu'on espère;
J'aime mon bienfaiteur ainsi qu'on aime un père,
Et dussé-je en secret tous les jours en pleurer,
J'aimerais mieux mourir que le désespérer,
Mais...

ROSELIN.

Mais un autre amour a pour vous plus de charmes?

ESTELLE.

Je ne peux pas vous dire...
Elle pleure.

MANETTE.

Interrogez ses larmes!

ROSELIN, ému.

Pauvre enfant!

MANETTE, à Estelle.

Priez-le, s'il le faut, à genoux!

ESTELLE.

Monsieur...

ROSELIN.

Je vais tenter...

On entend chanter Mériudor.

Le voici... laissez-nous!...

Il les fait sortir par la cuisine.

SCÈNE VIII

MÉRINDOR, paraissant avec un panier plein de bouteilles vénérables ; il chante :

Mais mon sort ferait bien des jaloux
Si vous étiez toujours remplie,
Ah! ah! ah! bouteille, ma mie,
Pourquoi vous videz-vous?

C'est encore du Molière! Et, joyeux échanson,
J'ai réveillé ce vin au bruit de sa chanson,

Il regarde.

L'enfant est donc partie?

ROSELIN.

Elle revient sur l'heure...

MÉRINDOR.

Que tu m'as apporté de joie en ma demeure!

ROSELIN.

Que dirais-tu pourtant, si, brisant ton entrain,
J'allais changer pour toi cette joie en chagrin?

MÉRINDOR.

Comment?

ROSELIN.

Ta jeune Agnès...

MÉRINDOR.

Ah! bon!... je t'en supplie.
C'est convenu, je fais une grande folie,
Mais je crois que je peux l'épouser sans danger.

ROSELIN.

Et moi, non.

MÉRINDOR.

Non?

ROSELIN.

Non, je viens de l'interroger
Et c'est le pur aveu de son cœur que j'exprime,
L'épouser, cher ami, ce serait presque un crime!

MÉRINDOR.

Elle aime donc quelqu'un? Allons, parle... je veux.

ROSELIN.

Elle se sacrifie et s'immole à tes vœux.

MÉRINDOR.

Elle aime?... Qui?...

ROSELIN.

Parbleu, l'Horace obligatoire.

MÉRINDOR.

Elle me trompait donc?

ROSELIN.

L'éternel Répertoire!

MÉRINDOR.

Tu veux railler.

ROSELIN.

Railler serait d'un triste goût,
Non, songeant au bonheur de ta vie avant tout,
Je l'ai contrainte à des aveux, je m'en accuse
Et t'apporte trente ans d'amitié comme excuse.
J'ai dit la vérité, j'ai rempli mon devoir,
Pardonne, ami!...

MÉRINDOR.

Merci, j'aime mieux tout savoir,
Moi qui me laissais prendre à sa grâce infinie...

Il marche fiévreusement et s'arrête tout à coup devant le buste de Molière.

Il les connaissait bien, cet immortel génie,
Quand il disait, peignant leur imperfection,
« *Ce n'est qu'extravagance et qu'indiscrétion,
» Leur esprit est méchant et leur âme est fragile,
» Il n'est rien de plus faible et de plus imbécile,
» Rien de plus infidèle...

ROSELIN, en prisant.

» Et malgré tout cela...
» Dans le monde on fait tout...

* L'Ecole des Femmes, V[e] acte.

MÉRINDOR, en rage.

» Pour ces animaux-là ! »
Qu'elle s'immole ou non, j'épouse la bergère.

ROSELIN.

Ah ! mais non, cette fois, non, Arnolphe exagère.

MÉRINDOR.

Arnolphe, moi ?

ROSELIN.

Pardieu ! Prouve-moi que j'ai tort.
A ta déception oppose un cœur plus fort !

MÉRINDOR.

Eh bien, Arnolphe soit !.. mais j'aurai ma vengeance !
Avec de l'énergie et de l'intelligence !...

ROSELIN.

Allons, ce n'est plus toi que j'entends, que je vois,
Non, tu n'es plus le fier amoureux d'autrefois.
Ton cœur veut-il pour prix d'un peu de bienfaisance,
D'un amour imposé par la reconuaissance ?
Non, non, je te connais d'un sentiment plus haut,
Non, Arnolphe n'est pas le rôle qu'il te faut :
Don Juan doit garder sa fierté sans limite,
Satan vieux se fait-il époux ? non, mais ermite.
Laisse la jeune Agnès courir vers son blondin
Et regarde cela du haut de ton dédain,
Ils ont leur vie à faire et la tienne se passe,
Ne va donc pas troubler tes quelques ans de grâce
Des soucis d'un amour vainement exigé
Et que tu sentirais n'être pas partagé.

MÉRINDOR.

Merci, mon vieil ami, ta raison me relève,
Je te dois mon salut...

ROSELIN.

Il lui désigne Estelle au loin.

Que ton esprit l'achève!

MÉRINDOR, douloureusement.

Je te comprends, il faut quelque courage.

ROSELIN.

Eh bien?
Prends-en dans le regard de ton maître et le mien!

Il le conduit devant le buste de Molière.

MÉRINDOR.

C'est bien dit! Tu verras Molière, notre idole
Comme on peut agrandir son âme à ton école!

Appelant Estelle.

Venez!

SCÈNE IX

MANETTE, ESTELLE, MÉRINDOR, ROSELIN.

ESTELLE, se jetant aux genoux de Mérindor.

Vous savez tout, monsieur, pardonnez-moi!
Ah! si je vous disais...

MÉRINDOR.

Non, calmez votre émoi.

ESTELLE.

Vous ne pourrez jamais, car ma faute est trop grande,
Pardonner...

MÉRINDOR.

Le pardon, c'est moi qui le demande
Et pour le mériter plus durable et plus doux
C'est moi qui doterai votre futur époux :
Vous me devrez ainsi votre bonheur quand même !

ROSELIN.

Bravo ! Voilà ton rôle.

ESTELLE, lui sautant au cou.

Ah ! comme je vous aime !

MÉRINDOR, à Roselin.

Oh !... Ce mot dit ainsi finit ma guérison.

MANETTE, entrant avec Louison qui apporte le potage.

A table, tous !

MÉRINDOR.

Attends !...

MANETTE.

Encor ?

MÉRINDOR.

Notre oraison !

Ils s'avancent vers le buste de Molière

ROSELIN.

O chef ! Tes vétérans ont déposé les armes,
Ils ne combattent plus sous ton drapeau vainqueur,

Mais tu dois, à leurs yeux qui s'emplissent de larmes
Voir que ton souvenir est vivant dans leur cœur.

MÉRINDOR.

Lorsque la passion nous aveugle et nous brûle
C'est toi, grand magister, que l'on doit consulter.
On veut te fuir en vain, ton ardente férule
Frappe plus sûrement ceux qui croient l'éviter.

ROSELIN.

Dans la vie où l'on n'a que heurt et que blessure
C'est à Toi que notre âme encor doit recourir :
Ta panacée est saine et ta méthode est sûre,
O docte médecin, toi seul sais nous guérir!
Dans tous les cœurs humains ton génie a son Temple,
Car ta vie et ta mort te l'ont bien mérité,
L'une fut un combat, l'autre un touchant exemple
Qui font plus grande encor ton Immortalité!

Estelle a séparé le bouquet et, s'approchant, en donne des touffes à Roselin et à Mérindor.

MÉRINDOR.

Accepte avec ces fleurs, offrande hospitalière,
La fête de nos cœurs que toujours tu guidas
Et du haut de ta Gloire, ô grand chef, ô Molière!
Protège encor longtemps tes bons et vieux soldats!

Rideau.

Imprimerie Générale de Châtillon-sur-Seine. — Pichat et Pépin.

www.ingramcontent.com/pod-product-compliance
Lightning Source LLC
LaVergne TN
LVHW010009230826
846092LV00002B/722